Collection de M. H. D.

MÉDAILLES

GRECQUES, GAULOISES, ROMAINES

FRANÇAISES, ETC.

DONT LA VENTE AUX ENCHÈRES PUBLIQUES AURA LIEU

HOTEL DROUOT, SALLE N° 8

AU PREMIER ÉTAGE

Le Lundi 23 Mai 1892

A DEUX HEURES PRÉCISES

Par le ministère de Mᵉ Camille AUBOIN, Commiss.-Priseur
rue Sainte-Anne, 51

Assisté de MM. ROLLIN et FEUARDENT, Experts
rue de Louvois, 4

CHEZ LESQUELS SE DISTRIBUE LE CATALOGUE

EXPOSITION PUBLIQUE

Le jour de la vente, de une heure à deux heures

PARIS — 1892

Collection de M. H. D***

MÉDAILLES

Grecques, Gauloises, Romaines

Françaises, etc.

VENTE PUBLIQUE

A L'HOTEL DES COMMISSAIRES-PRISEURS

RUE DROUOT, 9, SALLE N° 8

Le Lundi 23 Mai 1892

à 2 heures très précises

EXPOSITION : une heure avant la vente

Me Camille AUBOIN	MM. ROLLIN et FEUARDENT
COMMISSAIRE-PRISEUR	EXPERTS
Rue Sainte-Anne, n° 51	Rue de Louvois, n° 4

PARIS — 1892

CONDITIONS DE LA VENTE

La vente aura lieu au comptant.

Les Acquéreurs paieront, en sus du prix d'adjudication, cinq pour cent applicables aux frais.

MM. ROLLIN et FEUARDENT, Experts, 4, rue de Louvois, se chargent à leurs conditions habituelles, des commissions qu'on voudra bien leur confier.

A. Maulde et Cie, imprimeurs de la Cie des Commissaires-Priseurs, rue de Rivoli, 144

DÉSIGNATION

MONNAIES D'OR

MACÉDOINE

1. *Philippe II de Macédoine*, tête d'Apollon à droite. ℞. Victoire dans un bige. Statère.
2. *Alexandre III le Grand*. Tête de Pallas à droite. ℞. Victoire debout à gauche. Statère.
3. — La même pièce mal frappée du côté de la tête. Statère.

GAULE

4. *Eduens ?* Tête d'Apollon à droite. ℞. Bige. Statère.
5. *Pictons ou Santons*. Mêmes types plus barbares. Statère.

ROMAINES

6. *Honorius.* ℞. VICTORIA AVGG. l'Empereur debout.
Sol.

7. *Libius Severus, Anastase.* ℞. Victoire debout.
3 pièces. Triens.

MÉROVINGIENNES

8. *Théodebert Ier*, D. N. THEODEBERTVS REX, son
buste. ℞. VICTORIA AVGVSTORVM. Victoire à droite.
Triens.

9. *Paris?* LONECISILVS? En légende rétrograde,
buste à droite. ℞. AVDEAILVS NION? Croix ancrée.
Triens.

10. *Maestricht.* TRICCTOS. Buste à droite. ℞. CHCTSIS-
TOVNT, croix. Triens.

11. *Gévaudan.* ℞. GAVALETANO BAN, calice. Triens.

12. *Ruthènes.* ℞. Monogramme, etc. Triens.

13. *Chalon-sur-Saône.* ℞. VINTRIO, etc. croix. 2 p.
Triens.

14. Arvernes, Lyon. *Doresstadt. Strasbourg.* 4 p.
Triens.

ITALIE

15. *Benevent*, D. N. SVITORIA. Son buste. Triens.

ROYALES FRANÇAISES

16. *Charles IV*. Royal.

17. *Philippe VI*. Le Roi debout tenant son écu. Écu.

18. *Jean II*. R. FRANTIA lis. Florin.

19. — IOHANNES, etc. Le roi à cheval. — Cavalier.

20. — IOH REX. Mouton à gauche. Mouton.

21. — IOHANNES, etc. le roi assis. Écu.

22. *Charles V*. KAROLVS, etc., le roi debout, 2 pièces. Royal.

23. *Charles VI*. KAROLVS, etc., écu couronné. Écu.

24. — AGN, etc. Aignel à gauche. Aignel.

25. *Charles VII*. KAROLVS, etc., le roi debout, 2 p. Royal.

26. — KAROLVS, etc., écu accosté de deux lis. 2 p. Écu.

27 — Même type sans les lis. Demi-Écu.

28. *Charles VIII*. Même type. Écu.

29. — Champ écartelé de France et Dauphiné. Écu.

30. *Louis XII*. LVDOVICVS, etc., écu couronné. Écu.

31. — Même écu avec deux porcs-épics. Écu.

32. — Même écu accosté de deux hermines dessous le porc-épic. Écu.

33. *François Ier*. FRANCISCVS, etc. Écu au soleil. 2 p.
Écu.

34. — Mêmes types. Demi-écu.

35. — Écu écartelé de France et Dauphiné. Écu.

36. — Écu accosté de F. et une hermine. Nantes.
Écu.

37. *Charles IX*. CAROLVS, etc. Écu au soleil. Écu.

38. *Henri III*. HENRICVS, etc. Même écu. Écu.

39. *Louis XIII*. Écu au soleil et demi-louis. 2 p.

40. *Louis XIV*. LVDOVICVS, etc., sa tête, dessous. 1651.
Louis.

41. — Même type, la tête laurée dessous, 1670.
Louis.

42. *Louis XV*. LVD XV. etc., son buste à gauche, 1726,
Demi-Louis.

43. — Sa tête vieille laurée. 1773. Double-Louis.

44. *Louis XVI*. LVD, etc. Son buste à gauche, 1686.
Faux. Double-Louis.

45. — Louis constitutionnel 1792. Louis.

SEIGNEURIALES

BRETAGNE

46. *François II*, le duc à cheval. Cavalier.

PROVENCE

47. *Charles Ier* AVE., etc., salutation. Salut.

ORANGE

48. *Raymond*, R. DI. G. P. AVRA, lis. Florin.

49. *Flandre*. Philippe-le-Bon, Philippe II, 2 pièces.

ÉTRANGÈRES

50. *Edouard III*. EDWARD etc., le roi dans un vaisseau avec la rose. Noble.

51. *Ferdinand et Isabelle*. FERNANDVS etc., leurs bustes. Double-Écu.

52. *Cologne*, *Utrecht*. 2 pièces. Florin.

53. *Paul III*. PAVLVS III, etc., écu. et un quart de dollar américain. 2 pièces.

MONNAIES D'ARGENT

—

54. Pièces grecques. 6 pièces.

55. Gauloises. 24 pièces.

56.   —   12 pièces.

57. *Romaines*, Monnaies consulaires. 18 pièces.

58. — Impériales, Haut empire. 37 pièces.

59. — Impériales. Billon. 30 pièces.

FRANÇAISES

60. *Charlemagne*. Rennes. Pièce fausse. Denier.

61. *Louis Ier* LVDOVICVS, etc., son buste. ℞. MEDIOLA-
NVM. Temple. Denier.

62. — MÉTALLVM et XPISTIANA. 7 pièces. Deniers et
Oboles.

63. *Pépin II*. PIPPINVS REX. F. Croix ℞. TOLOSA CIVI.
Dans le champ, IPPNIS en monogramme.
Denier.

64. *Charles II*. Courtisson, Melle, Orléans. deniers
et oboles. 11 pièces.

65. *Eudes, Charles III*. Tours, Toulouse. Limo-
ges, Melle. Deniers et oboles. 20 pièces.

66. *Lothaire II, Hugues Capet*. 6 pièces.

67. *Louis VI, Louis VII, Philippe II*. Deniers.
19 pièces.

68. *Louis IX*. Gros tournois, avec une étoile
sous l'V.

69. — Gros, deniers et oboles. 7 pièces.

70. *Philippe IV*. Gros, tiers de gros deniers et
oboles. 20 pièces.

71. *Charles IV*. Demi-gros et deniers. 10 pièces.

72. *Philippe VI, Jean II*. Gros, deniers, etc.
13 pièces.

73. *Charles V, Charles VI, Henri VI, Charles VII*.
28 pièces. Blancs, etc.

74. *Louis XI*. Gros-blanc au soleil de Perpignan.
2 pièces.

75. — Blancs et deniers ordinaires. 15 pièces.

76. *Charles VIII, Louis XII*. Blancs et deniers.
31 pièces.

77. *François Ier*. Testons. 5 pièces.

78. — Testons à la couronne. 3 pièces.

79. — Blancs et deniers. 15 pièces.

80. *Henri II*. Testons et demi-testons. 9 pièces.

81. — Gros de Nesles, dixains, liards. 8 pièces.

82. *Charles IX*. Testons et demi-testons. 9 pièces.

83. *Henri III*. Quarts et huitièmes d'Écus, Testons,
Francs et demi-Francs. 10 pièces.

84. — *Henri III* et *Charles IX*. Gros de Nesles, liards, etc. 9 pièces.

85. *Charles X*. (de la Ligue). Quarts d'écus, dixains et liard. 5 pièces.

86. *Henri IV*. Quarts d'écus, demi et quarts de francs, dixains, liards, etc. 15 pièces.

87. — Essai argenté du denier tournois. Une pièce.

88. *Louis XIII*, Quarts d'écus de France, Navarre et Béarn, et demi-francs. 8 pièces.

89. — Écu blanc, 1643, et divisions. 3 pièces.

90. — Écu blanc et le même écu creusé formant boîte. 2 pièces.

91. *Louis XIV*. Écus blancs et divisions. 4 pièces.

92. — Le même, Navarre et deux douzièmes pour Béarn et Navarre. 3 pièces.

93. — Autre écu blanc. Buste juvénile. Écu et divisions. 4 pièces.

94. — Le même écu pour le Béarn, et un douzième pour le Dauphiné. 2 pièces.

95. — Écu du Parlement, 1679-1680. 2 pièces.

96. — Écu aux palmes et divisions. 3 pièces.

97. — Écu aux 8. L. demi et douzièmes aux insignes. 3 pièces.

98. — Écu et demi écu et douzième aux têtes couronnées. 3 pièces.

99. — Écu carambole, 1694. 1 pièce.

100. — Quarts et huitièmes d'écus, 10 sols et dixiè-
mes, liards de Barcelone et Fournay. M. de
Surville. 19 pièces.

101. *Louis XV*. Écu aux palmes et aux 8. L. 3 pièces.

102. — Écu à la tête vieille et laurée. 1 pièce.

103. — Divisions de divers écus. 12 pièces.

104. — Monnaies des colonies, argent et cuivre.
17 pièces.

105. *Louis XVI*. Deux écus et divisions. 7 pièces.

106. — Écu constitutionnel et divisions. 6 pièces.

107. — Monnaie de cuivre aux deux types.
13 pièces.

108. *Révolution*. Écu à l'ange, 1793. Gaule subal-
pine, union et force de l'an II. 3 pièces.

109. — Cuivres et billons de la même époque.
17 pièces.

110. *Bonaparte Iᵉʳ Consul, Napoléon Empereur,
Napoléon roi d'Italie*. Écus et divisions. 11 p.

111. — *Famille de Napoléon, Marie-Louise, Joseph,
Jérôme, Félix et Élisa, Murat*. 10 pièces.

112. *Louis XVIII, Charles X, Henri V*. 2 francs,
1 franc et divisions. 10 pièces.

113. *Louis Philippe*. Essai de 100 francs de Tiolier
étain doré, 2 francs et divisions. 10 pièces.

114. *Napoléon III*. Dix centimes et divisions. Dix
centimes de la digue de Cherbourg. Rare.
4 pièces.

MONNAIES SEIGNEURIALES

115. *Monaco, Honoré II*. Écu, Emmanuel Pinto, Écu
Emmanuel de Rohan, demi-écu. 3 pièces.

116. *Béarn et Navarre*. Jeanne d'Albret, Henri II.
Henri et Marguerite, etc. Francs, Testons,
quarts d'Écus, Billons, etc. 20 pièces.

117. *Flandre, Philippe II, Albert et Isabelle, Charles II*. Écus et divisions. 4 pièces.

118. Lot de monnaies de Bretagne, Cambray, Pro-
vence, Nevers, etc. argent et billon. 57 pièces.

119. — Lorraine, argent et billon. 25 pièces.

120. — Aquitaine, Toulouse, etc., argent et billon.
64 pièces.

121. — Gros et demi-gros de Bergerac, *René
d'Anjou*. 3 pièces.

MONNAIES ÉTRANGÈRES

122. *Espagne*, argent et billon. 19 pièces.

123. *Milan, Venise, Saxe, Mexique*, etc., Écus.
6 pièces.

124. *Suisse, Hollande, Pologne, Italie*, etc., Écus et
divisions. 37 pièces.

125. Quarante Baioques et divisions de la republi-
que Romaine, 1849, et une grande plaque en
bronze, de Suède, de 1747, avec un DALER, etc.

126. Lot de médailles grecques et romaines d'argent, fausses. 7 pièces,

127. Grand lot de monnaies françaises, seigneuriales et étrangères. Argent et billon.

128. Grand lot de monnaies de cuivre, françaises, etc.

129. Grand lot de monnaies romaines, grand, moyen
et petit bronze.

130. — Lot de Monnaies grecques et gauloises, en
bronze.

131. Plusieurs lots de grandes médailles frappées
à la Monnaie. Cuivre.

132. Lot de six grandes médailles. Napoléon,
Pie VII, etc. Argent.

133. Collection des Jetons des rois de France,
les têtes royales, dorées. Jusqu'à Louis XIV.
65 pièces. Cuivre. Petit module.

134. Plusieurs lots de Jetons des règnes de Louis
XIII à Louis XVI, etc. Argent.

135. Plusieurs lots de Jetons et Méreaux. Cuivre.

136. Un bon Médaillier en chêne avec 38 tiroirs.
Haut. 1ᵐ07; Larg. 0ᵐ54; profond. 0ᵐ40.

LIVRES DE NUMISMATIQUE

137. **Cohen.** Description des médailles de l'Empire Romain, 1re édit., tomes IV et V, gr. papier, demi-rel. chag.

138. **Durand.** Médailles et Jetons des numismates, *Genève*, 1865, 20 pl., 1 vol. in-4. demi-rel.

139. **Fougères et Combrouse.** Description des Monnaies de la deuxième race royaj de France. *Paris*, 1837, 1 vol. 4 pl. demi-rel.

140. **Fillon.** Considérations sur les monnaies de France. *Fontenay*, 1850. 1 vol. v. br.

141. **Forgeais.** Collection de Plombs historiques de la Seine, 7 vol. in-8, br.

142. **Guioth.** Histoire numismatique de la Révolution Belge, 1844, 62 pl., 1 vol. in-4, demi-rel.

143. **Gaillard.** Description des Monnaies espagnoles, etc. *Madrid*, 1852, 1 vol. 8 pl., demi-rel. chag.

144. **Hennin.** Manuel de numismatique ancienne. *Paris*, 1872, 1 vol. in-8 et atlas de 70 pl. br.

145. **Hoffmann**. Les Monnaies royales de France. *Paris*, 1878, 1 vol. gr. in-4, 118 pl., demi-rel. chag.

146. **Le Blanc**. Traité historique des Monnaies de France. 1 vol. in-4, pl., rel.

147. **Longperier** (A. de). Notice sur les Monnaies françaises. Collections J. Rousseau. *Paris*, 1848, 1 vol. 8 pl., br.

148. **Lorirchs** Recherches numismatiques sur les Monnaies Celtibériennes. *Paris*, 1852, 1 vol. in-fol., 81 pl., br.

149. **Mionnet**. De la rareté et du prix des Médailles romaines. *Paris*, 1817, 2 vol. 8 pl., reliés.

150. **Plantet et Jeannez**. Essai sur les Monnaies du comté de Bourgogne, *Lons-le-Saulnier*, 1855. 1 vol. gr. in-4, 5 pl. demi-rel., chag.

151 — **Poey d'Avant**. Description des Monnaies seigneuriales françaises, de sa collection. *Fontenay*, 1850, 1 vol. in-4, 26 planch. br.

152. — Monnaies féodales de France *.Paris*, *Rollin*, 1858, 3 vol. in-4, 163 pl., demi-rel. chag.

153. **Schultz**. Histoire Romaine, éclaircie par les médailles. *Paris*, 1783, 1 vol. in-8, rel.

154. **Cartier et de la Saussaye**. Revue numismatique française, tome I, 1836, 11 vol. demi-rel.

155. Souvenirs numismatiques de la Révolution de
1848, 1 vol. in-4, 59 pl, demi-rel.

156. Recueil des sceaux du Moyen Age. *Paris*, 1779,
1 vol. in-4, 8 pl., demi-rel. v.

157. **Darier.** Tableau de la valeur des Monnaies.
Genève, 1807, et deux autres volumes.

IMPRIMERIE MAULDE ET RENOU
—
A. MAULDE & C*
IMPRIMEURS DE LA COMPAGNIE DES COMMISSAIRES-PRISEURS
Rue de Rivoli, 144